iris   Zviane

L'ostie d'chat

TOME 3

shampooing

Dans la même collection :
www.editions-delcourt.fr/catalogue/collections/shampooing

De Zviane, aux Éditions Monet :
• *Le Point B*

Aux Éditions Les 400 Coups :
• *La Plus Jolie Fin du monde*

Aux Éditions Grafigne :
• *Le Quart de millimètre*

Aux Éditions Pow pow :
• *Apnée*
• *Pain de viande avec dissonances*

D'Iris, aux Éditions Les 400 Coups :
• *Dans mes rellignes*

Aux Éditions La Pastèque :
• *Justine*

Aux Éditions Septentrion :
• *Pour en finir avec le sexe* - avec Caroline Allard

Le blog de *L'Ostie d'chat* :
legolaslove.canalblog.com/

Le blog de Zviane :
www.zviane.com/prout

Le blog d'Iris :
monsieurleblog.canalblog.com/

Shampooing

Collection dirigée par Lewis Trondheim.

Tous droits réservés pour tous pays
Dépôt légal : mai 2012. I.S.B.N. : 978-2-7560-2599-5
Première édition

Conception graphique : Trait pour Trait, Iris & Zviane

Achevé d'imprimer en avril 2012
par CPI Aubin Imprimeur, à Ligugé

www.editions-delcourt.fr

Sur cette photo: Jasmin Bourvil (photos)

Ma grosse face! Héhé...

Ajouté il y a 10 secondes · J'aime · Commenter

 Julie Rochon Une belle grosse face
haha! :D Quand est-ce qu'on va pren
une bière?
Il y a 2 secondes. J'aime

 Rédiger un commentaire.

Ajouté il y a 20 secondes · J'aime · Commenter

 Julie Rochon Une belle grosse face
haha! :D Quand est-ce qu'on va pren
une bière?
Il y a 12 secondes. J'aime

 Jasmin Bourvil Quand tu veux ma bell
Ça pourrait être à soir!!
Il y a 5 secondes · J'aime

 Rédiger un commentaire.

Ça pourrait être ce

Il y a 8 secondes · J'a

Julie Rochon Avec plais
chouchou! :P

Il y a 5 secondes · J'ai

Rédiger un commen

 Jasmin Bourvil Quand tu veux ma belle!
Ça pourrait être ce soir!!
Il y a 11 secondes. J'aime

 Julie Rochon Avec plaisin mon petit
chouchou! :P
Il y a 8 secondes. J'aime

 Maude Boucher GET A ROOM!0_0
Il y a 2 secondes · J'aime

319

7

PUS DE FOLLES, J-S.

Oui, mais, je ne suis pas folle...

... je suis ÉPICURIENNE!

Écoute, demain, samedi, y annoncent beau, qu'est-ce que tu dirais d'un pique-nique au parc Lafontaine? Faut en profiter avant qu'il commence à faire plus froid!

Pis le 100 piasses?

Si tu viens, j'te passe 100 piasses.

Good.

Appelez-moi Jean-Sébastien «number one» Manolli.

322

8

Euh

Rien.

C'est-tu la première fois que tu viens pique-niquer ici ?

Ici ? Ha ha, non. Je venais quand j'étais jeune avec mon père pis ma sœur.

J'allais jouer au ballon juste lô-bas.

A chaque fois qu'il faisait beau, hiver comme été, je venais ici.

324

On était déjà grimpées moi pis ma soeur dans cet arbre-là pis je m'étais décâlissé le genou...
ça c'était juste avan décide de crisser so coup chier à ma
ça c'était avant qu la sodomise avec un
HOSANNA
Tu m'écoutes-tu?
AHEM
Euh... garde-toi de la place pour le pique-nique, là, je t'ai préparé des affaires que t'oublieras pas de sitôt!
325

T'as-tu de quoi à boire ?

J'avais pus rien dans mon fridge à matin, j'ai vraiment soif.

Oui, tiens, je savais pas si tu préférais le blanc ou le rouge, alors j'ai apporté les deux !

Tiens, tu choisiras, l'ouvre-bouteille est juste là.

Donc, pour l'entrée, je nous ai préparé........

... des tartares de saumon à l'avocat !

vide

↓

vide

326

12

Natasha, le deal, c'était qu'on mange ensemble, on n'a pas encore mangé ensemble.

J'ai envie de parler avec toi, de discuter, d'apprendre à te connaître...

AH! TU VEUX QU'ON FOURRE!

Ben là, t'avais juste à le dire! Remballe tes niaiseries pis on s'en va chez vous!

Je

J'allais le proposer.

328

14

329

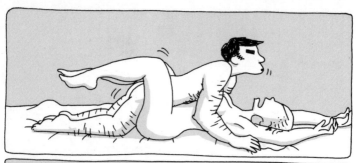

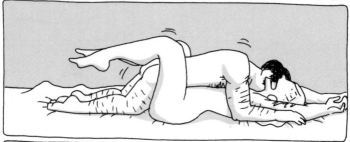

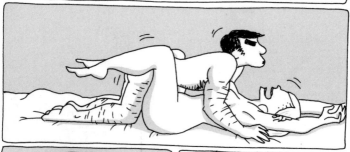

332

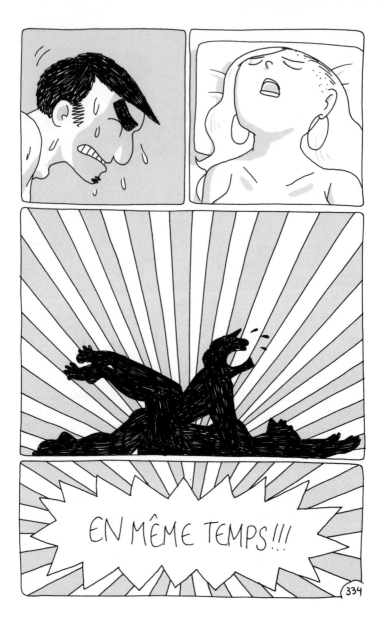

22

24

25

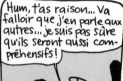

Ben non... Tsé, y faut que tu penses à <u>TOI</u>, à <u>TON</u> bonheur... et à ton <u>COUPLE</u>!

Faut arrêter de vivre pour les autres!! Moi j'en trouverai un autre band... Ta relation avec ton chum est plus importante qu'un band qui tourne en rond, hein?

Hum, t'as raison... Va falloir que j'en parle aux autres... je suis pas sûre qu'ils seront aussi compréhensifs!

Bah, au pire ils se partiront un autre band ensemble! C'est des bons musiciens!

Ouais, c'est sûr... Je te tiens au courant. On en reparlera à la pratique demain soir, mais j'pense que t'as raison... faut que je fasse ce qui me tente.

Merci Jasmin... Ça m'a vraiment fait du bien de te parler...

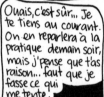

De rien ma chère... Ça m'a fait plaisir!

Bonne soirée, moi j'y vais...

Bye!

Bye!

POUF

Bien joué champion! Maintenant je te souhaite qu'on te prenne dans le band parce qu'on n'a jamais joué ensemble encore...!

340

30

32

33

* sauf une fois au chalet.

Voyons voir...

Je vais vous demander d'écarter un peu vos jambes.

Mmm...

Ça m'a l'air d'une simple balano-prosthite. Plusieurs causes sont possibles, comme une irritation due à une masturbation excessive...

... ou bien une réaction allergique à une crème ou à un savon o

AH !

J'ai mis de la crème hier ! J'étais un peu irrité et je

Alors il s'agit de cesser l'utilisation de la crème, et d'utiliser un savon doux non parfumé.

ok.

Et là, je fais quoi ?

Ça devrait partir tout seul d'ici 2 à 3 jours.

2 à 3 jours !! ?

350

TOC
TOC
TOC

BON!!! Une chance que j't'avais dit quatre heures!

Ben là, capote pas, j'ai juste une demi-heure de retard...

Ouain, mais je travaille à cinq heures. Faque pogne le chat pis scrame!

Ben voyons, t'es donc ben sur le gros nerf? Kessé qu't'as?

Aurais-tu des problèmes avec JULIE?

Hein? De quoi tu parles?

J'ai vu votre petit jeu sur Facebook. T'as repris avec?

Pffff... maudit Facebook... Ben non j'ai pas repris avec, on fait juste se... voir.

351

37

Pis à part de ça, c'est CRISSEMENT pas de tes affaires!

C'est de mes affaires dans la mesure où on a fait un pacte, mon chum!

Au Cheval Blanc... t'étais peut-être trop saoul et tu t'en souviens pus, mais t'avais promis de pus revoir Julie.

Ouain, pis toi t'as promis de pus coucher avec des folles!

Maow?

Vu que MOI je t'espionne pas, je sais pas si t'as respecté ton pacte...

MAOOOW.

...mais MENTEUR et COURAILLEUX comme t'es, ça me surprendrait beaucoup!

MAAOOOOOOOW!

OUAIN T'AS UNE BELLE OPINION DE MOI!!

MAAAOOOOOOoo OOOOWWW!

MOI J'VEUX JUSTE T'AIDER PARCE QUE C'TE FILLE-LÀ C'EST DU POISON!! ELLE TE MANIPULE!

MAAAAAOOOOOOoo OOOOOOOOOW!!!

TA GUEULE LEGOLAS!

352

39

MAAAA AAAOU

... mais MENTEUR et COURAILLEUX comme t'es, ça me surprendrait beaucoup!

... mais winner et mardeux comme t'es, ça me surprendrait pas!

Ben voyons donc!

Y est pas question que j'aille m'installer là-bas... Je pars juste le temps du DEC, je reviens à Montréal après.

J-S qui revient au cégep, haha! J'en reviens pas.

BACK IN 2005

41

43

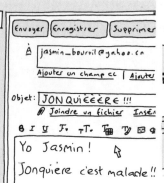

Envoyer Enregistrer Supprimer

À jasmin_bourvil@yahoo.ca

Ajouter un champ cc | Ajouter

Objet: JONQUIÉÉÉRE !!!

Joindre un fichier Insér

B I U F. ₸T· T TY

Yo Jasmin!

Jonquière c'est malade!!

Premièrement, la résidence, c'est cool. Mes colocs sont pas mal sur le party!

J'ai réussi à me pogner une chambre TOUT SEUL! YEAH! Ça va devenir mon p'tit nid d'amour, watch out!

tap tap tap

Sinon les cours, ça va, c'est pas trop dur, ça fait deux mois pis je pète des scores.

Z

J'ai commencé à travailler dans une boutique de snowboards. Je connais RIEN aux snows! LOL!

Bienvenue chez Adrénaline sport, Jean-Sébastien!

J'ai bullshité sur mon C.V. et en entrevue. C'est super bien payé!!!

Je suis content de compter parmi nos employés un athlète de compétition!

Hé.

Faque pour fêter ça, j'me suis acheté un LAPTOP MAC !!!

tap tap tap tap   358

44

Les filles sont hot!
Un peu jeunes, mais
hot pareil! Faudrait
que tu viennes!
J-S

Salut J-S! Content
que tu te plaises
à Jonquière!

Je vois que tu pètes
encore des scores
en te pognant le
beigne... Maudit
crotté!

J'ai rencontré une
fille... Elle s'appelle
Julie...

Oh oh, mon
Jasmin!...

En pièce jointe, je
t'envoie sa photo.

clic

Watatow!

Y a vraiment de quoi de
spécial qui se passe entre
elle et moi. J'ai hâte de te
la présenter. Tu passes à
Montréal pour les fêtes?

Jasmin

Yooooo Jasmin!

tap
tap

359

Finalement ça a chié avec Vanessa, mais j'en ai rencontré une autre!

C'est con, j'me souviens pas de son nom! LOL!

T'embarqueras sur MSN de temps en temps, t'es jamais online!

J-S

Allô J-S,

tap
tap
tap

Tu sais pas quoi!!! Julie emmènage chez moi! On va vivre ensemble!!!

Elle trippe ben raide sur Legolas.

Sur Legolas!? HA HA HA!!

DRiiiiiiiNG!

360

46

47

48

BACK IN 2007

(1 an et demi plus tard)

JP
MAX
JS
TOUS
JP PAS TOUCHE

♪tooou

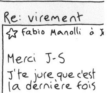

Re: virement
☆ Fabio Manolli à J

Merci J-S
J'te jure que c'est la dernière fois

Fabio

↩ Répondre ⇒ Transf

SLUUUURP

Pour la semaine prochaine, vous me faites un résumé...

GROOOouiiii

... and the water was cold...
— You mean... shrinkage.

363

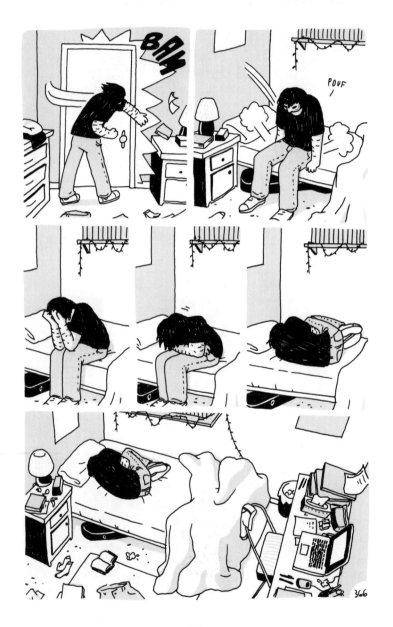

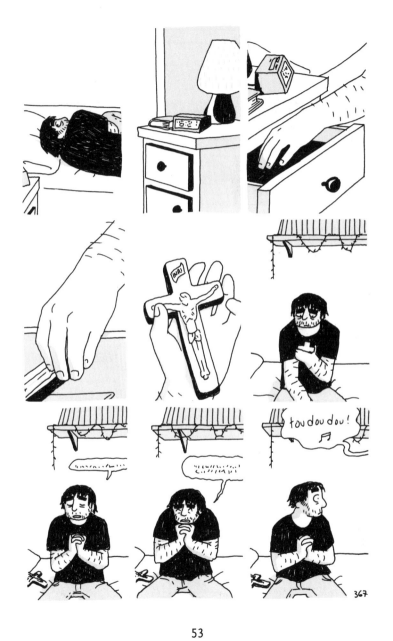

Jas dit: hey JS! ça va?

J-S dit: non...

tap tap

Jas dit: qu'est-ce qui se passe?

tap tap

J-S dit: ça chie, Jasmin... tout chie...

J-S dit: j'me suis fait slaqué de ma job, ma carte de crédit est loadée, j'ai pus une cenne, mes colocs sont des connards, j'peux pas payer le prochain loyer et j'ai FAiM.

tap tap

♪Toudoudou!♪
Jas dit: t'as pas encore envoyé de l'argent à ton frère !??

J-S dit: oui

tap tap

♪Toudoudou!♪
Jas dit: J S !!!!!

368

54

J-S dit: tu comprends pas! Si y arrive de quoi à Fabio, ma mère s'en remettra jamais !

tap tap

J-S dit: elle l'a pas eu facile avec notre gang, avec françois rebelle, pis Sofia en centre, les histoires de Fabio pourraient la faire mourir !

tap tap

(♪Toudoudou ! ♭)

Jas dit: tu penses qu'en envoyant éternellement de l'argent à Fabio, ça va régler les choses ?

J-S dit: Jasmin... chu à boutte... je sais plus quoi faire...

tap tap tap

{ ♪Toudoudou ! ♭ }

Jas dit: reviens à Montréal.

J-S dit: pour aller où ?

tap tap tap

{ ♪Toudoudou ! ♭ }

Jas dit: viens chez moi en attendant de te trouver un appart.

{ ♪Toudoudou ! ♭ }

Jas dit: ils se cherchent un employé au Couche-Tard à côté, tu appliqueras là.
J-S dit: ouin mais t'as pas dit que ça allait moyen avec Julie? Je veux pas m'imposer.

tap tap

{ ♪Toudoudou ! ♭ }

Jas dit: ben non, on a des hauts et des bas comme n'importe quel couple. Ça va être correct. Viens.

369

J-S dit: j'ai pas de cash pour le bus...
tap tap
Toudoudou! ♪
Jas dit: va pawner ta guitare que t'as achetée l'an dernier, tu pourras pas la ramener anyway.
J-S dit: Jasmin...
tap tap
J-S dit: je t'en dois une.
tap tap
370

57

59

374

60

62

63

BOUHOUUUHOU HOUUUUUU!!

BOUHOUHOUHOU HOUHOUHOU!!

Tap Tap

Je... c... Calme-toi. Raconte-moi ce qui s'est passé. Qui t'a fait ça?

As-tu encore des problèmes avec ton « stalker »??

Snif.

Tsé, si c'est ça tu devrais en parler à François... faut ben que ça serve à quelque chose de sortir avec une police, haha!!

Bon là ç'a pas de bon sens... peut-être t'aimerais mieux parler à Maman? J'vais appeler Maman...

NON!

Je veux pas qu'elle sache...

Mais qu'elle sache QUOI? Qu'est-ce qui s'est passé?!!

379

66

67

Faut que j'parte bientôt si j'veux pas le rater... Mais me rendrais-tu un service?

Euh... ouais, tout c'que tu veux...

J'ai mis le reste de mes choses dans des boîtes. Est-ce que tu pourrais les prendre chez toi et me les expédier la semaine prochaine?

Ouioui...

Super... merci. T'en a juste pour deux voyages je crois.

Mais inquiètes toi pas, François finit juste son shift à 11 h, il sera pas ici avant minuit.

Gulp.

Euh... OK.

Bye Jasmin... Je t'appelle dans quelques jours.

Bye Josée... Fais attention à toi.

soupir...

383

386

72

HAHAHAHA!!

Kessé-tu fais habillé de même?

!!!

CHUUUUTTT!!! J'te dis, j'ai... j'ai tué une police, pis là y doivent être à la recherche d'un gars avec un hoodie gris...

...c'est-à-dire MOI. Faque comme j'ai des choses à ma soeur, j'ai enlevé mon hoodie et j'ai pris un de ses gilets.

Ooooook... mais... pourquoi t'as les affaires de ta soeur pis que t'as TUÉ une police?

Ben en gros, j'ai crissé un gros coup de guitare au chum de ma soeur qui est une police.

Pourquoi t'as fait ça, donc?

Parce que c'est un ostie de batteur de femmes... Mais moi j'voulais juste lui sacrer une volée, mais là y était à terre pis y saignait de la tête!

Pis là y doivent l'avoir retrouvé mort, pis être à ma recherche...

Hahaha!!! T'es tellement parano!

Ben là!

387

DRiiING

Allô?

Allô Jasmin, c'est J-S.

Mmm... Salut.

Eille, j'ai un p'tit problème avec le chat...

Han!? Y est-tu arrivé de quoi à Legolas!???

Ben non, calme-toi, y est correct... C'est juste, j'étais en train de faire du ménage, pis là j'entends "MAOU MAOU"! Ben c'était le chat qui a grimpé dans un arbre pis qui était plus capable de redescendre, comme un cave.

T'as-tu essayé de shaker le sac de croquettes?

J'ai essayé plein d'affaires, tu m'aiderais-tu?

J'viens d'acheter une caisse de 12.

C'est bon, j'arrive.

83

84

85

86

87

88

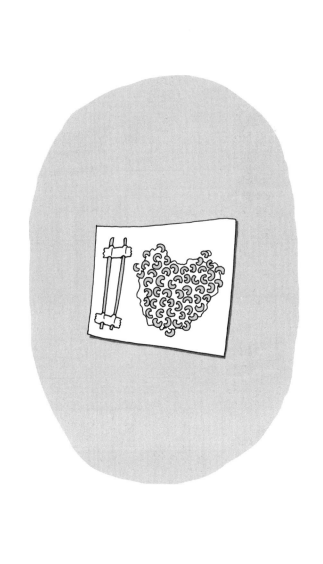

92

- Comment vas-tu ?
- Super bien! Regarde!

- J'ai fait ça hier!
- Wow! C'est super beau!

-Madame Hamelin, elle dit que c'est moi qui ai fait le plus beau.

-Elle l'a dit en français ?

-Elle l'a dit avec ses yeux.

94

97

99

100

J'pourrai pas y être, j'ai un show super important de booké avec The Pat Rack...

QUOI! Ben là, c'est notre dernier show, tu peux pas nous faire ça!

Bah... vos fans s'en rendront pas compte, ça faisait pas longtemps que je jouais avec vous!

Ayoye, t'es vraiment plate. Tu me déçois vraiment.

Ce genre d'affaire-là, ça va te retomber dans' face un moment donné Jas.

Jasmin! Jasmin! Tu viens dehors avec moi, j'ai roulé un joint!

Pfff...

PAS MAINTENANT Amélie, y faut que je trouve ma blonde!

Ok! Capote pas!

415

Jasmin, si tu cherches ta blonde, elle est partie ... pis elle fait dire que t'es mieux de rentrer tout de suite après notre set...

Haha!

T'apprendras que c'est pas une bonne idée d'inviter ta blonde à tes shows!

Ouain, beaucoup trop de belles filles et de groupies!

Bon, viens t'installer, loverboy, on joue dans cinq minutes.

Mesdames, nous avons ce soir un nouveau claviériste, un vrai charmeur de ces dames!

Eille!

Si vous êtes intéressées, n'hésitez pas à faire la file parce que, de toute façon, ça sent le divorce dans son mariage! Haha!

102

103

108

... pis là, j'y ai dit:
fourre-toi-lé dans
l'cul, ton ticket!

Ha ha ha ha ha ha ha!

Last call

Fille, y est quelle heure, là?

Dans l'cul! Ha ha!

Shit! J'dois partir à l'aéroport dans une heure! Faut que j'y aille.

Hu hu

Bye tout le monde!

Bye Natasha

Bye xxx

Natashaa! Atteeends!...

Attends ...

Mmm?

424

111

113

Elle va se souvenir de ma grosse queue...

Elle va se souvenir de ma grosse queue! Ha ha ha!

114

Au show de Pat Rack, le jeudi suivant...

Salut!

Eille Maude! C'est cool que tu sois là!

Bah...comme j'avais manqué ton premier show avec eux, je me reprends là!

T'as aimé ça?

Ben, la musique est bonne, mais les deux hipsters, là, le barbu pis l'autre, y ont l'air moron en crisse!

Ben...nonon, y sont quand même ok...

Eille, as-tu des nouvelles de ta soeur? Pis de la police que t'as assommée?

Haha!

Ah, ben ma soeur m'a appelé ouais...Y paraît que son ex était fou furieux pis il était sûr que c'était elle qui l'a assommé...

Mais bon, y portera pas plainte, c'est beaucoup trop humiliant de se faire battre par une fille...haha!

Ben, se faire battre par toi c'est pas pire humiliant aussi, héhé!

Pffff...

Bon, au moins c'est réglé: y est pas mort et ta soeur est pus avec...

Mouais,...ça on sait pas pour combien de temps. Elle est déjà retournée avec une fois...

431

117

118

Tu... tu pourrais pas lui parler toi? Essayer de la décourager d'avoir un enfant?

T'ES-TU MALADE?!! C'est même pas mon amie, ça serait vraiment bizarre...

Ben... tu pourrais lui dire subtilement que je veux pas d'enfants?

Jasmin... j'aimerais vraiment t'aider...

Mais faudrait vraiment que t'apprennes à être honnête et surtout...

À METTRE TES CULOTTES PIS T'AFFIRMER!

Pis je veux pas être méchante... mais je crois vraiment pas que c'est fait pour marcher entre toi et Julie...

Soupir...

Salut vous deux...

?

433

J-S!!

Yo!

Où c'est que t'étais !??

Allô la belle Maude !

J'm'en vas me chercher une pinte.

Pourquoi qu'est tout le temps bête avec moi ?...

Le premier set est fini ! Tu m'avais dit que tu serais là au début pour me rembourser !!!

Tiens, y est là ton 50 piasses, relaxe !...

J'ai dû emprunter du cash à quelqu'un d'autre... fuck, J-S !

Ben là ! J't'avais averti que j'arriverais en retard, capote pas !

Non, tu m'as pas averti ! Quand ça, tu m'as averti ?

434

120

121

123

SPLASH

JASMIN T'ES DÉGUEULASSE!

CÂLISSE JASMIN! Kessé t'as fait là!

Ben, j'me suis AFFIRMÉ!

Pfff... toi pis les relations ça fait deux, hein!

Là j'vais aller m'expliquer parce que j'ai l'air d'avoir joué la briseuse de couple.

Julie....!

Euh.... Jasmin? J'pense que tu devrais venir voir ça....

Lisa? Gen??

C'est vous autres, les «Pussyclebs»??

Hey, salut Jasmin! ...

C'est VOUS qui avez dissous notre groupe, c'est quoi la joke? comment ça que vous êtes avec un autre groupe???

Ben... ça nous manquait un peu de jouer dans un band...

Pis vous m'avez pas rappelé!??

Ben t'étais dans les Doigts Sales, ça l'avait l'air de marches, ton affaire, t'étais rendu ailleurs...

... pis astheure, t'es dans the Pat Rack!!

Tu vois c'est quoi se sentir abandonné?

T'as pas de leçon à leur donner!...

CULPABILITÉ

Eille, c'est pas Julie, là-bas, ton ex de 2007, en train de s'engueuler avec Maude?

?

MWMWMWMWM

Oooooooh fuck.

450

126

JASMIN A TROIS OPTIONS:

1

IL VA VOIR JULIE ET LUI DIT:

J'm'excuuuuuuuse mon amour! C'est un malentendu... pis j'veux des enfants dans le fond.

Rentrons à la maison.

PROBLÈME:

c'est pas vrai.

2

IL VA VOIR JULIE ET LUI DIT:

Julie, c'est fini, je ne veux plus te voir. C'est _ma_ décision, ça n'a rien à voir avec Maude.

Viens, Maude, on s'en va.

PROBLÈME:

il a pas les couilles.

3

IL SE SAUVE DU BAR EN COURANT.

← BAR

JASMIN

IL SE CASSE

PROBLÈME:

euh...

y a-tu un problème là-dedans?

o o o

451

127

Panel 1: *crisser mon camp...*

Panel 2: Viens, on s'en va, Jasmin, t'as rien à faire avec elle, elle est pas parlable.

?

JASMiiiiiiiN!

Panel 3: TU ME DISAIS QUE TU M'AiMAiS! PiS TU M'ABANDONNES!

Panel 4: Réponds-lui rien. Elle se cale toute seule, elle a l'air d'une folle. Faut qu'on sorte d'ici.

JASMiii iiiiiiN!

Panel 5: J-S, tu peux-tu ranger mon clavier dans le truck ?—pis roule les fils, cette fois-ci !

Merci J-S!

Panel 6: ...

Panel 7: Qu'est-ce qui est arrivé ?

Elle est allée trop loin. Elle est trop sanguine pour qu'il y ait un dialogue possible, ça vaut pas la peine de s'acharner.

Panel 8: Mau de! T'es tout le temps en train de me sauver !

Haha!

Panel 9: C'est peut-être pour te rendre la fois où c'est toi qui m'as sauvée quand on était petits!...

Panel 10: Tsé, la fois au chalet de ma grand-mère...

1993, chalet de la grand-mère de Maude...

452

C'est tellement cool que tes parents t'aient laissé venir avec moi chez ma grand-mère!

Mets-en!!! C'est ben plus le fun que le camp de jour...

J'ai juste hâte que mon père parte, lundi... quand il est là, on a rien le droit de faire...

T'es chanceuse, toi au moins tu le vois ton père...

Mouais, j'aimerais mieux qu'il soit dans un autre pays comme le tien...

J'm'en vas mener ta grand-mère à la clinique. J'vous laisse tout seuls une heure. Vous ferez pas de conneries, hein?

non papa

PARLE PLUS FORT QUAND TU RÉPONDS À TON PÈRE!!!

SLAP

NONPAPAONFERAPASDE CONNERIES.

460

461

130

131

459

135

137

138

467

143

145

146

147

148

149

151

Bon, la tapette invite ses amis tapettes, astheure...

Stie qu't'es fif.

Francesco, quand est-ce qué tou nous ramènes oune jolie fille à mandger avec nous?

Il sérait temps qué tou nous présenntes quelqu'un!...

On attend!...

476

153

Ah ouiii! Ça serait cool, en plus j'ai congé demain!

Cool!

C'est l'fun d'être dans le lit ensemble, c'est comme quand on était petits et qu'on faisait des pyjama partys!

Tu devrais vraiment essayer de pas dire des choses comme ça...

Tu vas où?

Juste prendre ma douche...

155

C'est donc ben triste, ce film-là !!!

Moi j'ai pas pleuré.

Ouf...

Haha! C'est quand même un bon film... Pis la musique de Björk est excellente, aussi.

Poëëët

J'dois avouer que c'est meilleur que ce que t'as amené la...

euh...

La semaine dernière.

« Hiroshima mon amour »??Arrête! C'est un superbe film de la Nouvelle Vague!

Ouais, ouais, bon, c'est pas trop mon genre.

Booooon bon bon, qu'est-ce que t'aurais préféré écouter, à la place?

Ben ché pas... quelque chose avec plus d'action...

480

157

158

On a dormi longtemps dans la même chambre, mais à l'époque, on avait peut-être une trop grande différence d'âge pour se comprendre.

Chuis content de passer du temps avec toi, françois!

Aaaah t'es donc ben sentimental!

Tu trouves pas qu'on a assez braillé avec ce film-là? Haha!

Pfff. Parle pour toi, moi j'ai pas pleuré.

Chuis content moi aussi.

Chuis aussi content que tu le prennes bien, le fait que...

que je sois gay.

Mmm... Est-ce que Marie a recommencé à te parler?

Non.

Laisse-lui le temps... Je suis sûr qu'elle va en revenir à un moment donné.

J'espère.

Elle est un peu stuck-up, mais elle va en revenir...

Mmm.

Pis pour les parents s...

483

159

162

Qu'est-ce qu'y fait qu'y arrive pas ???

Tu lui as bien dit la bonne heure la bonne journée ?...

Ben oui.

Jasmin! T'es-tu occupé vendredi soir ? Il FAUT que tu viennes souper chez nous !!

Ah ? Tu veux me montrer de quoi ?

La femme de ma vie, Jas.

Bon bon bon. Qu'est-ce que t'as pogné encore...

Non, non, c'te fois-ci j'te jure, ça a rien à voir avec les précédentes... j'veux vraiment te la présenter.

Au menu: pétoncles poêlés au beurre à l'huile de truffes et son accompagnement d'épinards ou citron. Vendredi, 18h!

Ça roule.

Mm... y a peut-être oublié... Appelle-le ?

Ouin.

488

DRRRiNNNG!!!

Allô?

T'aurais pas oublié quelque chose hier?

Ah... salut Jean-Seb.

Hhhh...

Ouais, j'ai oublié. J'étais en train de pratiquer pis j'ai pas vu le temps passer.

On se reprendra...

Fuck man! J'me fends le cul pour préparer un ostie de beau souper, j'te dis que j'veux te présenter la femme de ma vie...

... pis tout ce que tu trouves à me dire c'est «ON SE REPRENDRA»?!!

T'étais encore avec Julie j'te gage?

491

167

169

171

175

176

177

178

179

180

181

182

183

C't'à nous autres!

Bon, qu'est-ce qui se passe avec...

...

« Legolas »?

Ben il agissait bizarre, il mangeait pus... il tenait plus debout...

Laissez-moi voir.

Faites MAAA.

MAAA AAAA

palpe palpe

Il est en parfaite santé, votre chat.

185

ÉPILOGUE

Chi Tài, le proprio du resto en dessous de chez Jas.

Yahou! J'ai enfin réalisé mon rêve!

Lisa et Gen, de l'ancien groupe The Pipes.

Gen Bourgot
Notre petite boulette!
J'aime · Commenter · Partager.

Gildor et Ronny, les bums qui ont perdu leur chow mein.

Ça, c't'un maudit bon chow mein!

Je t'aime papa.

M-C, l'ex-chanteuse des Doigts Sales.

Nous avons la joie de vous annoncer que vous êtes acceptée au conservatoire en chant classique.

Snif...

510

Fabio, le petit frère bum de J-S.

Kaplan, le coloc de Jasmin.

Yo, kaplan, est-ce que ma commande est prête ?

Ouais, c'est bon, ta commande va être prête à cinq heures.

Josée, la petite soeur de Jasmin.

Claire.

Nous joignons Maître Bourvil, spécialiste en droit des femmes...

TÉLÉJOURNAL

AH T'ES TELLE-MENT MOU TU M'ÉNARVESPOUR-QUOI CHU REVE-NUE AVEC TOI !!

Naaaan va-t'en paaaas

1 an plus tard...
AH T'ES TELLE-MENT MOU TU M'ÉNARVES POUR-QUOI CHU REVE-NUE AVEC TOI !!

Naaaan va-t'en paaaas

Sofia, la soeur de J-S.

Tim, ancien membre des Pipes et saoûlon préféré de Jasmin.

Coltello... lé... lé couteau !

Bravo Sofia !

VVVWWXxYyZz

2   3

Une autre bière, Tim ?

Ouais, pis deux vodkas-pickle !

SII

187

François, le frère de J-S.

Monn pêtit francesco... Peu immporte si tou es gay, si tou aimes la creme glacée aux pistaches ou aux cérises...

La seule chose obligée, c'est qué tou nous fasses oune pêtit Manolli.

...

Natasha Savage.

Les deux amis morons de Natasha.

Eille! check! J'ai un jeu de pichenottes!

COOOL!

Pis moi une caisse de 24!

Julie, l'ex de Jasmin.

Félicitations madame, c'est un roux!

Poussez un dernier coup!

AhhhHHGgnn!

512

188

Jean-Sébastien.

Mmm... pas ce soir... Demain j'me lève tôt.

Grmbl.

J'vais déjeuner avec une amie qui revient des États-Unis.

Ok.

Bonne nuit, darling.

Bonne nuit, Amiya.

✗

Jean-Seeeb!!

Jean-Seeeeb!!

Natashaaa!!

Toi et ta grosse queue m'avez tellement manqué!

Natasha, tu seras toujours la femme de ma vie.

Legolas.

Rhôôô il est à qui le 'tit minou d'amoûûûr!!...

snif snif

Amélie, la voisine folle de J-S.

Il veut des gros câlins le minooou!

PRR RRR RRR RRR RRR RRR

IRIS·ZVIANE